OTRAS OBRAS DEL AUTOR

NOVELA Y CUENTO

NUNCA LLEGARAS A NADA
VOLVERAS A REGION
UNA MEDITACION
UNA TUMBA
UN VIAJE DE INVIERNO
5 NARRACIONES Y 2 FABULAS
LA OTRA CASA DE MAZON
SUB ROSA
SAUL ANTE SAMUEL
EL AIRE DE UN CRIMEN

PUBLICADAS EN ESTA COLECCION

EN EL ESTADO

ENSAYO

LA INSPIRACION Y EL ESTILO
PUERTA DE TIERRA
EN CIERNES
EL ANGEL DEL SEÑOR ABANDONA A TOBIAS
¿QUE FUE LA GUERRA CIVIL?

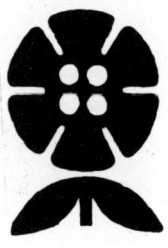

*Trece fábulas
y media*

Juan Benet

Trece fábulas y media

Collages de Emma Cohen

EDICIONES
ALFAGUARA
S.A.

1981 JUAN BENET Y
1981 EMMA COHEN DE LAS ILUSTRACIONES

DE ESTA EDICION:

PRINCIPE DE VERGARA, 81
MADRID-6
TELEFONO 261 97 00
1981

ISBN: 84-204-2052-2
DEPOSITO LEGAL: M. 16.318.—1981

Indice

Primera	17
Segunda	25
Tercera	33
Cuarta	41
Fourth	41
Quinta	47
Sexta	55
Séptima	63
Octava	71
Novena	79
Décima y décima bis	87
Decimoprimera	97
Decimosegunda	105
Decimotercera y última	115

LA MAQUETA DE LA COLECCION
Y EL DISEÑO DE LA CUBIERTA
ESTUVIERON A CARGO DE
ENRIC SATUE ®

PARA LA COMPOSICION TIPOGRAFICA
SE HAN UTILIZADO TIPOS GARAMONT
CUERPOS 12
Y TIMES CUERPO 18

A E.

Primera

...*y ya no hizo otra cosa que recorrer toda la parte conocida del país, en busca del destino de su amo.*

—Vete al mercado —dijo el comerciante a su criado— y compra mi destino. Estoy seguro de que será fácil encontrarlo. Pero no te dejes engañar, no pagues más de lo que vale.

—¿Cuánto he de pagar? —preguntó el criado.

—Lo mismo que para los demás. Mira a cómo está el destino de los demás y paga lo mismo por el mío.

El criado estuvo ausente durante largo tiempo y volvió desazonado, asegurando a su amo que no había encontrado su destino en el mercado, a pesar de haberlo buscado con gran ahínco. El comerciante le reprendió con acritud y se quejó de su ineficacia.

—No puedo encargarte la encomienda más sencilla. ¿Es que lo he de hacer todo yo? No puedo —compréndelo— abandonar este negocio que sólo marcha si yo lo vigilo. Por otra parte, me interesa mucho hacerme con ese destino. Sigue buscando y no vuelvas por aquí sin haber dado con él.

El criado volvió al mercado y durante días buscó el destino de su amo, sin encontrarlo en parte alguna. Pero alguien le sugirió que buscara en otros mercados y ciudades porque una cosa tan especial no tenía por qué hallarse allí. El criado volvió a casa del comerciante a pedirle permiso y dinero para el viaje, a fin de buscar su destino por toda la parte conocida del país.

El comerciante lo pensó y dijo:

—Bien, te concedo ese permiso y ese dinero, a condición de que no hagas otra cosa que buscar mi destino. No vuelvas aquí sin él —y añadió— o sin la seguridad de que no está en parte alguna y a merced de quien se lo quiera llevar.

El criado se puso en viaje y ya no hizo otra cosa que recorrer toda la parte conocida del país en busca del destino de su amo. Viajó por regiones muy lejanas y envejeció; perdió la memoria pero, fiel a la promesa hecha a su amo, sólo conservó la obligación contraída. También el comerciante envejeció y perdió muchas de sus facultades. Un día su constante peregrinación llevó al criado hasta el negocio de su amo a quien ya no reconoció, empero sí le interrogó sobre el objeto de su búsqueda.

—Por lo que me dices —dijo el comerciante—, tengo algo aquí que creo que te puede convenir —y le mostró su propio destino.

—Es exactamente lo que necesito —repuso el criado—. Pero espero que no cueste mucho. Llevo tantos años buscándolo que me he gastado casi todo el dinero que tenía. Sólo me resta esto.

—Ya es bastante y me conformo —repuso el amo—. Ese trasto lleva toda la vida en mi casa y a nadie ha interesado hasta ahora. Te lo puedes llevar a condición de que me digas para qué lo quieres.

—Eso no lo puedo decir porque lo ignoro. Lo he olvidado. Sé muy bien que lo necesito, pero no sé para qué.

—Entonces es tuyo —replicó su viejo amo—; es un objeto que conviene a un desmemoriado. Creo recordar que alguien lo olvidó aquí y no se me ocurre destino mejor para él que quedar encerrado en el olvido de quien tanto lo necesitó.

Y cuando el comerciante vio que su antiguo criado se alejaba con su destino bajo el brazo, dijo para sus adentros:

—Al fin.

Segunda

...pues los tres sabían, cada cual por su lado, que uno al menos de los otros dos se hallaba disfrazado.

Al despedirse le advirtió, con un tono de cierta severidad:

—En ausencia mía no deberás visitar a Pertinax. Cuídate mucho de hacerlo, pues de otra suerte puedes provocar un serio disgusto entre nosotros.

La mujer permaneció en su casa obediente a las instrucciones de su marido, quien a su vuelta le interrogó acerca de las personas que había visto en su ausencia.

—He visto a Pertinax —repuso ella.

—¿No te advertí que no fueras a visitarle? —preguntó él con enojo.

—No fui yo a visitarle. Fue él quien vino aquí, en ausencia tuya.

Fue el marido en busca de Pertinax y le preguntó:

—¿Qué derecho te asiste para visitar a mi mujer en mi ausencia?

—No fui a visitar a tu mujer —contestó Pertinax, sin perder la calma— sino a ti, pues ignoraba que te hallaras ausente de tu casa. En lo sucesivo deberás advertírmelo si no deseas que se produzca de nuevo esa circunstancia que tanto te mortifica.

No satisfecho con tal explicación, el marido ingenió una estratagema para averiguar las intenciones de Pertinax y descubrir la índole de las relaciones que mantenía con su mujer. Despachó a ésta de la casa con un pretexto cualquiera y, disfrazándose con sus ropas, envió un criado a Pertinax para comunicarle que hallándose en su casa esperaba ser honrado con su visita.

Pero la mujer, recelosa de la conducta de un marido que se comportaba de manera tan desconsiderada y adivinando en parte sus intenciones, decidió —disfrazada de Pertinax— volver a su casa para representar el papel que deseaba que presenciase su marido.

Por su parte Pertinax, al advertir que la mujer se hallaba sola en la casa, contrariamente a las noticias que había recibido, se disfrazó de su marido, sin otra intención que la de descubrir la intimidad de las relaciones que les unían.

Así pues, cuando el falso Pertinax —que no era otra que la mujer— se rindió a la casa para cursar la visita a la que había sido invitado, se encontró con que el matrimonio le estaba esperando, a diferencia de lo que había presumido.

La circunstancia en que se vieron envueltos los tres era análoga para cada uno de ellos, pues los tres sabían, cada cual por su lado, que uno al menos de los otros dos se hallaba disfrazado, sin poder asegurar cuál de ellos era, ni siquiera si lo estaban los dos. En efecto, cualquiera de ellos podía razonar así: si sólo hay uno disfrazado debe haberse disfrazado de mí, puesto que yo lo estoy de él, y, por tanto, el auténtico sólo puede ser aquel de quien yo no estoy disfrazado. Ahora bien, como no está disfrazado, no tiene por qué saber que lo estamos nosotros y, por consiguiente, al no tener ninguna razón para suponer una mixtificación no la romperá. Y si, por el contrario, lo están los dos, el que está disfrazado de mí es aquel de quien yo no estoy disfrazado, del cual ignora si está disfrazado o no. Así pues, no es posible saber quién está disfrazado de quién, a menos que uno —atreviéndose a revelar las intenciones que le llevaron a adoptar tal disfraz— se apresure a descubrir su identidad antes que los demás, cosa en verdad poco probable.

En consecuencia —debieron pensar, cada cual por su lado—, si queremos preservar nuestros más íntimos pensamientos e intenciones, hemos de seguir disfrazados para siempre, lo cual, si cada uno ha elegido con tino su disfraz, no cambiará nada las cosas.

Tercera

...se trataba de una dama que está decidida a entrar aun cuando usted no lo permita.

Un estudioso —que toda su vida había tenido por costumbre entretener sus ratos de ocio con especulaciones de carácter filosófico— decidió un día vender la mayoría de sus bienes, retirarse del mundo, cortar toda relación con parientes y amigos, abandonar sus labores profesionales y consumir el tiempo que le quedaba de vida en la investigación de su propio pensamiento, con la vista puesta en el hallazgo de una ley de validez universal. Llamó a su criado y le dijo:

—En lo sucesivo, no estoy para nadie. El tiempo que me resta lo necesito para mí y no puedo distraerme con los problemas de los demás. Lo tengo todo bien dispuesto y no necesito del concurso de nadie para resolver nuestros menesteres cotidianos, de los que en adelante te encargarás tú. Puedes disponer de tu tiempo a tu antojo siempre que tengas la casa en orden y cumplas las pocas obligaciones que te impongo. La más importante de ellas, no lo olvides, es preservar mi retiro e impedir que sea distraído de mi quehacer. Así que sólo

Se sentó de nuevo el sabio a recapacitar, y su mirada recorrió una vertical, desde el techo de su gabinete hasta el suelo, como si observara una lenta caída. Luego dijo al criado, tras un instante de vacilación, pero con tono firme:

—Ahora todo está claro. Lo primero y lo último es lo mismo; lo comprendo perfectamente. He sido un ciego. Dile a la dama que pase.

—Señor —respondió el criado—, yo no he dicho que la dama esté aquí. Tan sólo he dicho que me ha hecho saber que está decidida a entrar y que nadie ni nada la detendrá.

—Y ahora que me ha obligado a admitir lo que nunca me detuve a considerar, ¿crees que tardará mucho en venir?

—Creo que piensa tardar algo, señor —respondió el criado.

Fourth

Once upon a time there was a very poor lute-player who came to London to make his career. First of all he rented a room, not far from the Bloomsbury area and the dwellings of Mr. Sopor, a rich shoemaker and very conspicuous promoter of young musicians.

After a first fortnight of deleterious stillness the landlord getting bored of so many, continuous and distasteful clattering broke into the poor lute-player's room, grasped his instrument and thoughtlessly threw the inmate through the window down.

It happened that the young master hit directly the rear seat of lady Gorrea's cab when she was pondering about a husband fallen from heaven. They got married that very morning and lord Gorrea never again played the lute indoors. He played it only at the corners, in search of some coins to pay his wife debts with.

...Entonces Abraham alzó de nuevo la mano y tomó el cuchillo y degolló un carnero que antes había escondido en un zarzal.

hijo. Y él dijo: he aquí el fuego y la leña, mas ¿dónde está el cordero para el holocausto?

Y respondió Abraham: Dios proveerá del cordero para el holocausto, hijo mío.

E iban juntos.

Y como llegaron al lugar que Dios le había dicho, edificó allí Abraham un altar, y compuso la leña, y ató a Isaac su hijo y púsole en el altar sobre la leña.

Y extendió Abraham su mano, y tomó el cuchillo para degollar a su hijo.

Y con la mano extendida y el cuchillo bien sujeto miró Abraham por el rabillo del ojo para ver si venía el ángel de Jehová dando voces desde el cielo. Porque conocía muy bien Abraham su propia historia, repetida por generaciones y generaciones del pueblo elegido, y de sobra sabía que tenía que venir el ángel de Jehová dando voces por el cielo. Y con la mano extendida y el cuchillo en el aire miró Abraham por el rabillo del ojo y no vio al ángel de Jehová dando voces por el cielo.

Entonces Abraham alzó de nuevo la mano y tomó el cuchillo y degolló un carnero que antes había escondido en un zarzal, trabado por sus cuernos. Y fue Abraham y soltó a su hijo y tomó el carnero y ofrecióle en holocausto en lugar de su hijo.

Entonces habló Isaac a Abraham su padre, y dijo: Padre mío. Y Abraham respondió: Heme aquí, mi hijo. Y habló Isaac y dijo: Pues no vino el ángel de Jehová dando voces por el cielo para traer el carnero, ¿Vas a hacer lo que no hizo Jehová?

¿Pretenderás engañar a Jehová y suplantarle cuando no cumple lo que está escrito?

Y dijo Abraham: ¿Y tengo yo que dar explicaciones para que tú y yo nos comamos un carnero como Dios manda?

Sexta

...*Porque yo soy el Error y la Vida.*

Un viejo y piadoso pastor, mientras apacentaba su rebaño, no dejaba un solo día de dirigir sus pensamientos al Señor y no tanto para cantar su gloria cuanto para interpelarle acerca de los misterios de la creación, misterios que embargaban su alma con siempre creciente estupor. Eran tales su fervor e inquietud y vivió tantos años que un día, en lugar de sentarse al borde del camino según era su costumbre, vino a descansar en un lugar extraviado y un tanto inhóspito —der gelehnt steht an dem Strom der Zeit— donde advirtió la presencia de un anciano limpio, pero malhumorado.

—Pero —se preguntaba el pastor— ¿por qué es este mundo así? Y aun dando por bueno que fuera así, ¿qué necesidad había en él del hombre? ¿No se podía haber conformado su Creador con las bestias?

—Era la única salida honorable —repuso el anciano, con mal disimulado enojo.

—¿Y por qué honorable? ¿Ante quién tenías que rendir cuentas?

—Precisamente —repuso el anciano—, mi exceso de escrúpulos me ha perdido; con suma discreción puse mi obra en manos del hombre y he aquí que no ha hecho sino modificarla a su antojo, censurar y poner en duda mi paternidad y arrojarme fuera de ella. En verdad que me podía haber ahorrado aquel paso y dejar que disfrutaran del mundo los que careciendo de reflexión me tienen por lo que soy y respetan mis estatutos.

—Pero, Señor, un error lo tiene cualquiera.

—Mi querido pastor —dijo el anciano, en un tono más sosegado—, hay errores y errores. Y los míos son de tal magnitud y envuelven tanta grandeza que no lo parecen. ¡Mayúsculos errores más imponentes tal vez que mis aciertos!

—Ten fe, Señor, ten fe —aconsejó el pastor.

—¡Oh, sí!; es muy fácil decirlo; pero para mí es imposible. ¿En quién la voy a tener? Si hubiera sido más precavido y menos despechado, no habría abandonado el mundo de los hombres que teniéndome entre ellos no habrían sentido la necesidad de inventarme. Pues has de saber, buen hombre, que el dios que ellos han inventado no coincide conmigo.

—Señor, los hombres yerran.

—Pero yerran mal. En el resto de la creación hay pocos errores, pero todos ellos estimulantes y fructíferos. Sólo el hombre no sabe errar.

—Pero, Señor —añadió el pastor, en guisa de hombre persuasivo—, si el humano no sabe errar ¿por qué no le enseñas el camino de la verdad?

—Porque no puedo, porque eso es cosa suya. Porque con tal de llevarme la contraria lo ha entendido todo al revés, y así, a su pesar, aún me sigue obedeciendo, aunque yo no saque el menor provecho de ello. Porque yo soy el Error y la Vida.

entendido todo al revés, si no es su pasión, sin ningún género de lucro, aunque sí, no saque el mayor provecho de ello. Porque por eso el linaje y la vida.

Séptima

...¿Quieres un buen trabajo o prefieres una cosa para salir del paso?

Un honrado comerciante, que toda su vida había observado un mismo código y siempre se había mantenido fiel a inmutables principios, sintiéndose un día algo trastornado, llamó a su criado y le dijo:

—Tarde he comprendido que he sido desde siempre un ingenuo. No me arrepiento de ello ni tampoco lamento que mi honradez me haya impedido amasar una mayor fortuna. Pero me encuentro cansado de todo esto y lo que me quede de tiempo es mi deseo vivirlo de otra manera. Así que coge mi destino, que lo tienes ahí mismo, vete al mercado y cámbialo por el primero que encuentres. No tengo preferencias; me da lo mismo la sustancia de que esté hecho con tal de que no sea como el mío. Pero date prisa.

El criado estuvo ausente durante largo tiempo y volvió desazonado, asegurando a su amo que no había encontrado en todo el mercado a nadie deseoso de darle un destino a cambio del suyo.

El comerciante le reprendió muy duramente y se quejó de sus escasas dotes para hacer una transacción tan simple.

—No hay en toda la ciudad —le dijo— un hombre con tal fama de honrado como yo. No he hecho otra cosa toda mi vida que vender artículos de primera calidad, al precio justo. ¿Cómo no voy a encontrar ahora quien esté dispuesto a adquirir mi naturaleza al precio que sea? Repito que no quiero gran cosa; acepta lo primero que te ofrezcan y, por favor, no te rebajes a hacer la propaganda de lo que llevas, pues no la necesitarás si estás convencido de que se trata de una pieza de ley.

Todo el día estuvo el criado recorriendo los mercados de la ciudad y en ningún sitio encontró a alguien dispuesto a trocar aquel destino tan honrado. En modo alguno quería el criado presentarse ante su amo sin haber cumplido la encomienda, así que desechando toda posibilidad de cambio, y en alguna medida deseoso de dar a su amo un escarmiento por sus impertinentes pretensiones, decidió recurrir al engaño: a tal efecto se dirigió a un mixtificador, conocido en toda la ciudad por sus continuas supercherías, y le rogó que con unos pocos toques alterase el aspecto del destino de su amo.

—¿Quieres un buen trabajo o prefieres una cosa para salir del paso? —preguntó el mixtificador.

—Quiero una cosa barata y bastante tosca —respondió el criado que, conociendo al mixtificador, sospechaba lo que haría.

El mixtificador, que aunque quisiera no podía dejar de ser mixtificador, decidió hacer todo lo contrario de lo que le pedían, y para rematar el asunto a su gusto, cambió el destino que le ofrecían por el suyo propio, con lo que, además, esperaba levantar algo su fama y mejorar un crédito que estaba por los suelos.

Cuando el criado se presentó con el nuevo destino ante su mano, encontró a éste sumido en un estado de alarmante agitación.

—Amo —le dijo—, he recorrido la ciudad de parte a parte e innumerables veces y sólo a última hora he logrado encontrar este destino a cambio del tuyo. Reconozco que es bastante tosco y de dudosa ley, pero es lo único, realmente lo único, que he podido encontrar.

—Además de estúpido, eres decididamente un malvado —le reprendió el comerciante—. He sido informado de todos tus pasos y he sabido puntualmente de tu añagaza, algo que, por otra parte, no habría necesitado para descubrir la superchería. Pues ¿me crees tan inepto y tan romo como para no saber descubrir mi propio destino bajo esos rudos toques con que ha pretendido desfigurarlo ese mixtificador de medio pelo? No es eso lo peor. No era eso lo que yo te pedía y ahora has echado a perder para siempre mi proyecto, pues ¿quién va a querer mi destino sabiendo que ha pasado por tales manos?

Viendo a su amo tan acongojado, el criado se deshizo en excusas, asegurándole que no había habido mala voluntad en su falta, cometida tan sólo para llevar a cabo un encargo que estaba por encima de sus fuerzas.

Conmovido el comerciante, y habiendo serenado su ánimo, le reconfortó con estas palabras:

—Es muy cierto lo que me dices y la única culpa me corresponde a mí por querer lo imposible. Nadie puede cambiar su destino a su antojo, sobre todo cuanto más sólida y largamente elaborado esté. Y de la misma manera que el mío estará siempre formado por los ingredientes de la honradez y el tuyo con los de la obediencia, el de ese hombre al que has acudido no podrá zafarse nunca del engaño.

Tomó de nuevo el comerciante el destino y tras acariciarlo cuidadosamente lo depositó de nuevo en su sitio, al tiempo que decía:

—El engaño que tan en secreto he cobijado ¿logrará engañarme a mí?

Octava

*...Los que a sí mismos se llamaban sus discípulos fueron
legión y de parecida manera
creció el número de sus adversarios...*

A lo largo de una dilatada vida dedicada al estudio, la meditación y la dialéctica, un filósofo había llegado a adquirir un agudo ingenio y una extensa sabiduría; en cambio, el reconocimiento público de su talento era casi nulo y el desdén dominaba la mayor parte de sus relaciones con sus semejantes.

Molesto consigo mismo por no haber sabido despertar el interés de la sociedad hacia él ni, por consiguiente, haber aportado su ayuda a la resolución de los numerosos conflictos de su tiempo, el filósofo decidió cobijarse bajo un nombre ficticio y buscar tras el seudónimo (como todo buen hereje) lo que nunca había conseguido con su nombre propio. Y así inventó a Demonax, el pensador más revulsivo de su tiempo, el hombre que a punto estuvo de dar un giro a la cultura de su época.

Bajo el nombre de Demonax dio a luz lo que nunca se había atrevido a exponer y se apresuró a pensar lo que con nombre propio siempre le había parecido improcedente pensar. Pronto el nombre de

Demonax se extendió por toda la Antigüedad y sus palabras y escritos eran esperados por toda una muchedumbre culta, ávida de conocer sus veredictos. Los que a sí mismos se llamaban sus discípulos fueron legión y de parecida manera creció el número de sus adversarios, impulsados por la envidia y el amor al orden a salir al paso de las opiniones heterodoxas del filósofo.

Como ya ocurrió en otras ocasiones, se levantaron contra él algunos Anitos y Melitos, acusando a Demonax de que nunca se le había visto ofrecer sacrificios a la diosa y de que era el único griego no iniciado en los misterios eleusinos. Rechazó estas acusaciones en un escrito dirigido a la asamblea y defendió su causa empleando a veces un lenguaje comedido, a veces más áspero del que acostumbraba. Tocante a la acusación de no haber ofrecido nunca sacrificios a Atenea: «No os admiréis, dijo, de que no haya ofrecido todavía sacrificios a la diosa, pues no pensaba que necesitaba de mis víctimas.» Respecto a los misterios, lo que le impedía iniciarse era que si fuesen malos, no podría por menos de revelárselos a los profanos para apartarlos de las orgías; y si fuesen buenos, los divulgaría también por amor a los hombres.

La asamblea no quedó satisfecha, sino que, por el contrario, airada con esa respuesta exigió la presencia del filósofo que no vaciló en comparecer ante ella, con el rostro cubierto tras la clámide. Ya tenían los atenienses las piedras en las manos para lapidarle, cuando descubrió su rostro diciendo así: «Sacrificadme, atenienses, ya que hasta ahora no habéis hecho felices sacrificios.» Pero la asamblea en lugar de apedrearle prorrumpió en risas y gritos jocosos y despectivos que finalmente fueron acallados por el decano que se dirigió al filósofo en los siguientes términos: «¿Cómo puedes tú, que siempre fuiste respetuoso con nuestra religión y nuestras más sagradas costumbres, pretender ser ese Demonax que sólo vive animado para atacarlas y burlarse de ellas? Y aunque lo fueras, ¿no comprendes que al condenarte a ti, como espúreo vicario de nuestro enemigo, no haremos sino fortalecerle y empujar al imperecedero reino del espíritu la carne y la voz de la herejía? Vuelve pues a tu casa y acógete a tus antiguos hábitos, ya que después de tu imperfecta confesión tampoco en lo sucesivo podrás seguir jugando a Demonax, pues ¿qué importancia daremos a cualesquiera de sus opiniones si en lo sucesivo hemos de sospechar que proceden de un alma cándida como la tuya?»

Convencido por estas palabras y abrumado por tal humillación, el filósofo volvió a su casa y bebió la cicuta para hacer realidad el pronóstico del decano. Y como tras su muerte no prosperase su herejía se vino a demostrar una vez más que tanto él como el decano habían estado equivocados, acaso porque ambos confundieron condena con sacrificio y culpa con castigo.

Novena

...En fin, lo de siempre. Otra vez será.

que todos —voluntaria o involuntariamente— la requieren y persiguen. Y, por otra parte, nada le gusta tanto como las sorpresas y nada detesta como el emplazamiento a fecha fija. Debes conocer esa historia de la antigüedad que narra el encuentro que tuvo con ella un hombre que trataba de huir de una cita que ella no había preparado. Pues bien, me atrevo a afirmar que ahora que la hemos invitado no acudirá a esta casa, a no ser que cualquiera de nosotros dos pierda el aplomo y se deje arrastrar a alguna de sus astutas estratagemas.

Aquella tarde, la Muerte —con un talante sinceramente amistoso y desenfadado— acudió a la casa del comerciante para, aprovechando un rato de ocio, testimoniarle su afecto y disfrutar de su compañía y de su conversación. Pero el criado al abrir la puerta no pudo reprimir su espanto al verla en el umbral, la cara cubierta con un paño de hilo muy viejo y protegida la boca con un pañuelo sucio, y sospechando que se trataba de una añagaza compuesta entre su amo y la dama para perderle, se precipitó ciego de ira en el gabinete donde descansaba aquél y, sin siquiera anunciarle la visita, lo apuñaló hasta matarle y huyó por otra puerta.

Cuando la Muerte, extrañada del silencio que reinaba en la casa y de la poca atención que le demostraba aquel hombre que ni siquiera le invitaba a entrar, por sus propios pasos se introdujo en el gabinete del comerciante, al observar su cuerpo exánime sobre un charco de sangre no pudo reprimir un gesto de asombro que pronto quedó subsumido en un pensamiento habitual y resignado:

—En fin, lo de siempre. Otra vez será.

Décima y décima bis

...*Cuando el ejército acampó frente a la fortaleza...*

A un famoso general de la Antigüedad, conocido en todos los ejércitos del mundo civilizado por el riguroso método con que planeaba hasta las menores operaciones militares, le fue encomendada por su rey una campaña de mucha importancia con la que debería vencer y desarmar al enemigo. tradicional de la patria y lograr un período de paz que al menos durase varias generaciones.

El general pidió a su rey tiempo para rearmar la tropa y, sobre todo, para estudiar la campaña en sus más nimios detalles, persuadiéndole de que cuanto más tiempo dedicase a desarrollar los planes de operaciones, más breve y menos cruenta sería la guerra. El rey le concedió un año, al cabo del cual la tropa se encontraba perfectamente aguerrida y armada. Entonces el rey mandó llamar al general y le preguntó si se encontraba dispuesto a iniciar la campaña. Pero el general le contestó que todavía no se hallaba preparado, pues sólo había tenido tiempo para desarrollar la mitad de los planes por lo cual solicitó una prórroga de un año para concluirlos en su totalidad.

Al término de aquel segundo año, el rey volvió a llamar a su general que ante sus requerimientos volvió a excusarse, asegurándole que quedándole por resolver unos cuantos detalles, en el plazo de seis nuevos meses lo tendría todo a punto y podría iniciar la campaña que, con tales preparativos, no se prolongaría durante muchas jornadas.

Cuando se agotó aquel tercer plazo, el rey llamó de nuevo a su general y le exhortó a iniciar inmediatamente la campaña, pues no sólo la desmoralización comenzaba a cundir entre la tropa, sino que las soldadas estaban a punto de agotar las arcas del tesoro. Así pues, el general se decidió a iniciar la campaña, aun cuando quedara un punto, uno solo, sin resolver. Era, por otra parte, un detalle de menor importancia —la conquista de una lejana fortaleza donde un enemigo exhausto se refugiaría tras ser batido en todas las ocasiones— que el general se permitió ocultar a sus mandos que había quedado sin estudiar y se apresuró a abrir las hostilidades confiando en resolverlo en el transcurso de la breve guerra.

La campaña se desarrolló con tan admirable sujeción a los planes del general que incluso resultó más breve que lo previsto. Batalla tras batalla sus armas resultaron victoriosas y el enemigo, domeñado por sus implacables golpes, reducido a unas cuantas compañías heterogéneas, sin apenas armamento ni capitanes, fue a refugiarse en aquella aislada fortaleza, muy lejos de la frontera. Tan rápida fue su huida que el general sólo tuvo tiempo para perseguirle, sin un momento para detenerse a pensar cómo conquistar aquel último reducto.

Cuando su ejército acampó frente a la fortaleza, el general reunió a sus capitanes y les arengó de la siguiente manera:

—Nos encontramos, caballeros, en las vísperas del fin de esta guerra. Habéis obedecido puntualmente mis órdenes y seguido al pie de la letra mis planes, y he aquí el resultado: ved al enemigo reducido a una centésima parte de lo que era, encerrado en un miserable fuerte que ya no puede ofrecer digna resistencia al empuje de nuestras armas. Desgraciados, ya no pueden esperar otra cosa que el exterminio. Pues bien, consumadlo. Tal es el premio que ofrezco a vuestra gallardía, a vuestro denuedo y a vuestras aptitudes para la lucha. No me preguntéis cómo llevarlo a cabo, no quiero saberlo; es cosa vuestra. Deseo apartar mis ojos de este sangriento final y, por otra parte, me temo que no he medido bien el esfuerzo que he tenido que realizar y siento que necesito un descanso, un largo descanso. Así que mañana, cuando me levante —que lo haré tarde—, quiero ver ondear nuestro estandarte en aquella torre. Eso es todo, caballeros. Buenas noches. No creo cumplir con mi deber de soldado si les deseo suerte, porque no la necesitan. Sin embargo, suerte, caballeros. Buenas noches.

Era tal el ascendiente del general sobre su tropa que ninguno de sus capitanes echó en falta sus directrices; sus últimas palabras fueron tomadas como tales y se dispusieron, sin la menor reserva, a colocar a primera hora de la mañana la bandera patria sobre la torre señalada.

...Y dijo para sí: No podía ser de otra manera.

Al llegar aquí, la fábula se divide en dos variantes que, a la postre, vendrán a converger: la versión más extendida y conocida registra las palabras del general cuando al salir de su tienda al mediodía siguiente, tras un sueño reparador, al ver ondear en la torre —sobre un cielo refulgente— la bandera patria, exclamó:

—No podía ser de otra manera.

La segunda versión, más privada y sibilina, registra asimismo las palabras del general cuando al salir de su tienda al mediodía siguiente, tras una noche de pesadilla, contempló de un golpe su ejército aniquilado al pie de las murallas, la bandera enemiga ondeando en un cielo refulgente.

Y dijo para sí:
—No podía ser de otra manera.

Decimoprimera

...es necesario que vayas despachando los correos que han de llevar la noticia de mi muerte a todos los rincones del Imperio...

Un Emperador de la antigüedad, cuyo dominio abarcaba extensos territorios, inmensos desiertos y selvas apenas exploradas, sintiendo que estaba próximo el fin de sus días, mandó llamar al comandante mayor de sus correos y le habló de esta manera:

—Escúchame bien; los doctores que atienden a la salud de mi cuerpo no me conceden más de seis meses de vida. Comoquiera que necesito para el momento del tránsito de mi alma al otro mundo todas las plegarias de mis súbditos, es necesario que vayas despachando los correos que han de llevar la noticia de mi muerte a todos los rincones del Imperio. Hacia esas provincias tan alejadas que reciben los despachos de la Corte con un retraso de seis meses deben salir los correos ya, a fin de que lleguen en el momento justo. Respecto a las otras, irás ordenando de manera escalonada la salida de los correos para que todos alcancen su punto de destino en la misma fecha.

—Pero, señor... —intentó explicar el comandante mayor.

—No intentes replicar —le cortó el Emperador—. Conozco muy bien las dificultades e inconvenientes de esta orden, pero puedo asegurarte que la decisión que he tomado ha sido larga y rigurosamente meditada. Y si lo que te embarga es la inseguridad del pronóstico de los doctores, sábete que en las vísperas de mi fallecimiento oficial te haré saber, en caso de error, las medidas correctivas que hayan de subsanarlo.

El comandante mayor se decidió a cumplir la orden a rajatabla y durante meses no hizo otra cosa que redactar los diversos albalaes con la noticia de la muerte del Emperador, que debía permanecer secreta, y que uno a uno fue entregando, lacrados con los sellos reales, a los miembros del cuerpo de correos que inmediatamente partían hacia los más apartados rincones del Imperio. No bien hubo despachado el último correo, el comandante mayor se presentó en el gabinete privado del Emperador para decirle:

—Señor, todos los correos han sido despachados con la noticia de vuestra muerte. Me consta que cumplirán su deber a la perfección y, por ende, mañana todo el imperio sabrá que habéis muerto. Y, sin embargo, estáis tan vivo como ayer y, con toda seguridad, como mañana. ¿Qué confianza podrá tener en lo sucesivo vuestro pueblo en el cuerpo de correos, e incluso en la Corte, cuando se entere de que ha sido objeto de semejante infundio? ¿Qué consecuencias no tendrá esta funesta medida para la salud y el buen gobierno de nuestro Imperio?

—Está bien —repuso el Emperador con toda calma—. Has cumplido con tu deber y ejecutado la orden que te di a la perfección. Espero que hayas rodeado la noticia de mi muerte de toda la reserva que te distingue. Si es así, sólo tú y yo sabemos que hoy moriré, noticia que todo el Imperio conocerá mañana. A sabiendas de las graves repercusiones de toda índole que tendrá mi muerte, dime ¿es que no ha pasado por tu cabeza la idea de especular con semejante información?

—¿Especular, señor? —preguntó aturdido el comandante mayor.

—¿Es que no te has dado cuenta de que la posesión de semejante secreto podía hacer de ti el nuevo Emperador?

—Señor, la posibilidad de ser el nuevo Emperador no despejará en mi alma las tinieblas que arrojará la muerte de mi actual señor.

—Está bien, eso era exactamente lo que quería oír. Has pasado por la prueba a la que te he sometido y has respondido como yo esperaba que lo hicieras. Así pues, has corroborado con tu conducta una elección muy difícil —y que me ha costado muchas horas de sueño— y, por consiguiente, serás el nuevo Emperador.

—¿Y qué será de vos, señor, a partir de mañana?

—¡Oh, no te preocupes por mí! —repuso el Emperador.

—¿Y del cuerpo de correos? —preguntó inquieto el comandante mayor—. ¿Qué va a ser del cuerpo de correos?

—¡Oh, no te preocupes del cuerpo de correos! —dijo el Emperador.

—¿Que no me preocupe del cuerpo de correos? ¡El cuerpo de correos! ¡La joya de nuestro Imperio! ¡La obra de mi vida! ¡Señor, toda mi vida dedicada a ese cuerpo ejemplar! —exclamó impaciente el comandante mayor.

—¡Bah, una minucia! —dijo el Emperador, con desdén.

—¿Una minucia? ¿Cómo podéis decir eso, señor? ¡La joya de nuestro Imperio! ¡El cuerpo de correos! ¡La obra de mi vida! ¡Toda mi vida! ¡Mi vida entera para nada! ¡Oh, mierda! ¡Oh, condenación! ¡Oh, maldito!

Y el comandante mayor, ciego de enojo, se abalanzó sobre su Emperador y le echó sus manos al cuello y lo apretó hasta que en el anciano semblante del Emperador se dibujó la expresión de una muerte serena, en paz con su conciencia, y de su mano abierta cayó el edicto de sucesión.

Decimosegunda

...*y en más de una ocasión tuvo que apelar a su amor propio para refrenar una creciente y no correspondida pasión.*

Dijo la Muerte al pasajero:

—Ya que viajáis solo, caballero, y en mi misma dirección, ¿me permitiréis disfrutar de vuestra compañía y, al mismo tiempo, os serviréis acoger con benevolencia mis sinceros deseos de amenizar un viaje que se anuncia tan largo?

—No pertenezco a la clase de los hombres comunicativos —repuso el caballero— y mi carácter huraño me impide trabar lazos de amistad. Carezco de ingenio y de conversación y mis escasos conocimientos de la naturaleza sólo permiten abrigar unas pocas opiniones, casi todas ellas desacertadas. Por lo general, sólo tengo palabras para expresar mi desagrado por cuanto me rodea y mi profundo desánimo respecto al futuro. Por consiguiente, no esperéis de mí ratos amenos.

—Yo tampoco soy un dechado de simpatía —contestó la Muerte—. Pero puesto que la fortuna nos ha deparado un mismo itinerario y un talante parecido, creo que podemos aprovechar esta doble e inesperada coincidencia para hacer más soportable la travesía. Si me permitís este rasgo de curiosidad, ¿cuál es vuestro destino, caballero?

Ante esta pregunta, el caballero, con cierto asombro, pero con gran seguridad, repuso:

—Sin duda, el mismo que el vuestro, señora.

Durante toda la travesía la Muerte, acostumbrada desde siempre a despertar sentimientos intensos —de horror, de miedo, de curiosidad, de respeto, incluso de atracción y de piedad—, se sintió muy mortificada por la educada indiferencia del caballero hacia ella y en más de una ocasión tuvo que apelar a su amor propio para refrenar una creciente y no correspondida pasión. Cuando tocaron puerto, el caballero se dirigió a la Muerte con estudiada cortesía:

—Ya que nos encaminamos hacia el mismo destino, y en pago a vuestras numerosas atenciones durante la travesía, ¿me permitís que os ofrezca un asiento en mi carruaje?

A punto estuvo la Muerte de rechazar la oferta del caballero, pero su creciente interés por él pudo superar todas sus reservas. En el muelle apareció una carroza fúnebre, tirada por dos troncos de robustos caballos, conducida por un postillón de inquietante aspecto. Le fue ofrecido un asiento en el pescante —que la Muerte aceptó un tanto asombrada, pero sin atreverse a rechistar— y antes de acomodarse en el ataúd, el caballero ordenó:

—A casa.

Tras una larga jornada de viaje en que la Muerte no pudo abrir la boca, la carroza se introdujo en un pequeño y húmedo cementerio de aldea, cuyas cancelas de hierro forjado abrió un octogenario sepulturero que, con una escoba de ramas, barría las hojas muertas; luego se detuvo ante la poterna abierta de un sobrio y elegante panteón en bastante mal estado, su roca descompuesta invadida por el liquen y la hiedra.

—Permitidme, señora, que os ofrezca —dijo el caballero a la Muerte, al ayudarla a apearse de la carroza— unas jornadas de descanso en mi mansión para restableceros de las fatigas del viaje.

La Muerte dio un paso atrás, un tanto temblorosa, ante la estrecha escalinata en sombras que descendía hacia la cripta.

—Es un lugar especialmente adecuado para disfrutar de los goces del amor, el descanso y la frescura —explicó el caballero, invitándola con toda delicadeza a entrar la primera.

La Muerte tuvo un escalofrío.

—Este lugar trae a mi memoria recuerdos de infancia muy tristes —protestó débilmente, sobrecogida por el miedo.

El caballero sonrió con suficiencia.

—¡Oh, no temáis! Los placeres que os voy a dispensar os harán olvidar las más intensas experiencias pasadas, de cualquier signo que sean.

—¡Atrás! —rugió la Muerte horrorizada—. ¿Se puede saber por quién me habéis tomado?

—Por una cualquiera, naturalmente. ¿Acaso una verdadera dama aborda a un caballero como lo habéis hecho durante toda la travesía?

Horrorizada, ofendida y blanca de ira, la Muerte se soltó de la mano del caballero con un enérgico golpe y abandonó corriendo el cementerio. Y así, por segunda vez, dejó aquel lugar que ya

...—Es un lugar especialmente adecuado para disfrutar de los goces del amor, el descanso y la frescura—. Explicó el caballero.

había visitado en otra ocasión, aunque hacía tanto tiempo que no lo podía recordar. Cuando el caballero —extrañado pero sereno, y en modo alguno resentido— se acomodó en su sepulcro, cruzó las manos sobre su pecho y bajó los párpados, no pudo por menos de decir para sí:

—¿Quién se habrá creído que es?

Decimotercera y última

*...Pues has de saber que la duda pervive en la razón
porque la verdad —aun conocida—
rara vez es capaz de superar el apego.*

El maestro llamó a su presencia al discípulo y le habló de esta manera:

—En verdad que ya te he transmitido toda mi sabiduría y creo que la has aprehendido de manera irreprochable. Así pues, mi misión para contigo ha terminado, por lo que mañana abandonarás esta casa para ejercer tus talentos allá donde sean requeridos. Pero antes de que te vayas quiero decirte una última cosa: procura tener el menor número de dudas posibles y cuando las tengas despáchalas cuanto antes. No pierdas el tiempo en vacilaciones, ya que es preferible estar en el error que en la duda; pues de aquél podrás salir siempre, y con un gesto nuevo, mientras que ésta —rumiando siempre lo ya conocido— no sólo bloquea el presente, sino también el futuro.

Al día siguiente el discípulo se despidió de su maestro para dirigirse a otras tierras donde ejercer sus talentos. En todas partes enseñó las doctrinas de su maestro y para todos los actos de su vida se guió por sus máximas. De esta suerte aquel aventajado discípulo consiguió llevar una vida pública muy mediocre, envuelto por su propio descrédito tras cosechar numerosos fracasos, y una vida privada muy desgraciada. Cuando el discípulo comprendió, llegada ya su madurez, que sólo con un cambio radical —incluso de ideas— podría lograr dar un nuevo giro a su vida, decidió —pese a sus muchas estrecheces— viajar de nuevo hasta el lugar donde vivía su maestro, para darle cuenta de su situación y pedirle consejo a la hora de buscar remedio a sus muchos males.

—Maestro —le dijo, nada más llegar—, he seguido en todo momento tus preceptos y en todas partes he aplicado tus máximas, y he aquí el resultado; he fracasado tanto en la vida pública como en la privada. ¿No crees, maestro, que si quiero que mi vida sea de otra manera he de cambiar de método y tal vez de doctrina?

—No puedes culpar a mis enseñanzas de tus fracasos en la vida —repuso el maestro—. Toda doctrina depende de cómo se aplica y, con toda probabilidad, tú la has aplicado mal. Tal vez, siguiendo mis consejos demasiado al pie de la letra, no te has permitido tener dudas y privándote de sus beneficios, no has hecho sino elecciones precipitadas y de poca fortuna. Has de tener dudas para ponderar en cada encrucijada las ventajas de cualquiera de los caminos y disfrutar mejor de la andadura. Pero antes de que te vayas quiero decirte una última cosa, que he deducido recientemente: cuando tengas una duda del conocimiento, piensa y haz la segunda posibilidad que te venga a la mente, porque la primera suele ser la errónea. Pues has de saber que la duda pervive en la razón, porque la verdad —aun conocida— rara vez es capaz de superar al apego. Y cuando ambos coinciden no hay duda posible.

El discípulo abandonó el hogar del maestro decidido a cambiar de rumbo. Pese a sus fracasos, siempre había sido hombre de decisiones prontas y tajantes, pero tras aquella visita se convirtió en persona dubitativa y vacilante. Y no por eso prosperó; antes al contrario, día a día su vida se deslizaba hacia una mayor degradación, rodeado de la pobreza, el malestar y el menosprecio.

A oídos del maestro llegó la noticia del próximo e irremediable fin de su discípulo que, en completa consunción y a pesar de ser todavía un hombre joven, apenas podía valerse para procurarse unos pocos alimentos y un lecho donde dormir.

Al ver entrar a su viejo maestro en la habitación mortuoria, un fulgor brotó de la apagada mirada del discípulo que, trémulo, se incorporó del lecho para preguntarle:

—Maestro, si a este estado me ha llevado la aplicación de tus doctrinas, ¿no será que hay algo equivocado en ellas?

—¿No será al revés, hijo mío? Desmemoriado, si te has anticipado a mí para bajar a la tumba, ¿no será que también me has aventajado en la doctrina?

—¿Y si te he aventajado en el error, maestro?

—Es lo mismo —replicó el maestro—, porque la obligación del discípulo es aventajar, sea en el error o la verdad. Y tú lo has hecho con creces.

—Pero, maestro, ¿qué ventaja he sacado de este aventajamiento? —preguntó el discípulo, desmayado.

—Te dije que en caso de dudas optaras siempre por el segundo término. Si te pones en él, ¿no ves que todo son ventajas?

El discípulo dejó caer la cabeza en la almohada y miró muy lejos.

—Así debe ser —dijo el discípulo, y expiró.

El maestro cerró sus párpados y suspiró. Y al abandonar la habitación mortuoria, dijo para sí:

—Cuanto más canalla es la doctrina, mejor el discípulo.

ESTE LIBRO
SE ACABO DE IMPRIMIR
EN LOS TALLERES
DE ARTES GRAFICAS BENZAL, S. A.,
EN MADRID,
EN EL MES DE MAYO DE 1981

SE ENCUADERNO EN
S. A. INDUSTRIA DEL LIBRO